Thoralf Probst

ReimZeit

Thoralf Probst

ReimZeit

Bibliografische Information durch
die Deutsche Nationalbibliothek:
Die Deutsche Nationalbibliothek verzeichnet diese Publikation in der Deutschen Nationalbibliografie, detaillierte bibliografische Daten sind im Internet über http://dnb.d-nb.de abrufbar

Sie erreichen den Autoren über *www.thoralfprobst.de*

Illustrationen: Sonnhild Probst

Herstellung und Verlag: BoD – Books on Demand, Norderstedt

ISBN: 9783750471382

Inhaltsverzeichnis

VORWORT

Reimen und dichten liegt mir irgendwie ein wenig im Blut. Humor ist auch schon immer mein Ding. Wer die Vorgänger dieses Büchleins gelesen hat, wird dies unterschreiben können.

Auch hier und heute wird der Leser wieder recht gut unterhalten. Nachdenkliche, lustige und scheinbar alltägliche Dinge in gereimter Form sollen Abwechslung und Freude bereiten.

An dieser Stelle danke ich meiner Frau, meiner Familie, meinen Freunden und Mitstreitern für ihre Unterstützung und ihre konstruktive Kritik.

Ich wünsche gute Unterhaltung.

Der erste Besuch bei den Literaturfreunden im „Verein für Kultur und Lebenshilfe e. V." stand vor der Tür. Ein wenig aufgeregt war ich schon. Hinterher fielen mir diese Zeilen ein.

Im Verein bin ich übrigens immer noch.

Erstkontakt

Ist das nicht wirklich gruselig?
Ich kenne all die Leute nicht.
Die schau´n mich sicher fragend an.
Ob ich dem wohl standhalten kann?

"Bleib ruhig", denk ich so bei mir,
bestellte erst einmal ein Bier.
Dann schaute ich, der neue Kunde,
einfach mal selber in die Runde.

Auf mich gerichtet war kein Blick.

Nun, dies entspannte mich ein Stück.

Und dann, ein paar Minuten weiter,

wurde es plötzlich richtig heiter.

Dem Frohsinn öffnend nun das Tor,

trug jeder ein paar Zeilen vor.

Ich reimte über Santa Claus,

bekam dafür sogar Applaus.

"Na siehste, war doch gar nicht schwer",

dachte ich mir so hinterher.

Ich fühlte mich nicht mehr allein.

Da schau´ ich sicher wieder rein.

G. Dicht

Es fällt mir schwer drauf zu verzichten,
mal einfach so drauflos zu dichten.

Etwas Gereimtes zu verfassen.
Ich kann einfach nicht davon lassen.

Die Worte stauen sich in mir
und drängen auf ein Blatt Papier,

bis daraus, mal ganz früh, mal spät,
ein halbwegs netter Vers entsteht.

Ich glaube, so geht es uns allen.
Am Schreiben finden wir Gefallen.

Drum, wie gesagt, gibt's kein´ Verzicht.
Auf geht's! Bitte noch ein Gedicht!

Wir gehen durch das Jahr

Feiertage und Rituale

Ostern in diesen Zeiten

Zu jeder guten Osterfeier

gehören viele bunte Eier.

Einst färbte man sie mit viel Mühe

noch selbst in einer Farbenbrühe.

Vor allem für die kleinen Leute

war Eierfärben eine Freude.

Ein jedes Kinderauge strahlte,

wenn man sie dann auch noch bemalte.

Das alles scheint Vergangenheit,

denn heute in der neuen Zeit

bekommt man Eier bunt lackiert

in jedem Einkaufsmarkt serviert.

Und dies auch noch das ganze Jahr.

Kein Mensch weiß mehr wann Ostern war.

Drum wünsch ich allen heute schon

Ein Osterfest mit Tradition.

HALLOWEEN

Deutschland hat ´nen neuen Spleen.

Feiert jetzt auch Halloween.

Kaum jemand weiß, worum´s da geht,

Hauptsache eine Party steht.

Den Kindern ist dies längst egal.

Sie rennen rum in großer Zahl,

und lärmen sich von Tür zu Tür.

Komische Sprüche hört man hier:

„Süßes oder Saures!", droht man voller List.

„Trick or treat!", wenn man englischsprachig ist.

Wichtig erscheint es Süßigkeiten,

auf simple Art sich zu erstreiten.

Alle machen scheinbar mit.
Halloween – ein Riesenhit.
Tja, wenn etwas funktioniert,
wird es sofort importiert.

Kaum läuft´s in Amerika,
ist es auch bei uns bald da.
Kann man damit Geld verdienen,
stellt man alles auf die Schienen.

Gruselmasken, Lagerfeuer,
Süßkram klebrig und recht teuer.
Kürbisse werden verziert
bis ´ne Fratze dich anstiert.

Man schlägt sich zwar auf die Stirn,
doch dann sagt das eigene Hirn.
Mach jetzt mit und spute dich,
Kinder und Enkel freuen sich.

Auch wir stehen jedes Jahr zusammen,

trinken Bier an lodernd Flammen.

Auch zum Futtern gibt es was.

Halloween macht tierisch Spaß.

Gibt es einen Grund zum Feiern

werden wir nicht lang rumeiern.

Halloween muss weiterleben.

Darauf lasst uns einen heben.

Frohe Weihnacht

(2010)

Hurra, hurra, es ist soweit.

Sie ist nun da, die Weihnachtszeit.

Und auch der Winter ist ganz nah,

der Schnee schon ein paar Tage da.

Ganz tief im Schrank sind die Sandalen.

Erwartungsvoll wir alle strahlen.

Nein, nein, nicht wegen Tschernobyl.

Es ist Advent und der bringt viel

von frohen Leut´ mit vollen Taschen,

die Plätzchen und auch Glühwein naschen.

Auch ich bin wieder gut gelaunt,

durch Rotwein und durch Christmas-Sound.

Wenn dann die Weihnachtskarten kommen,

bin ich vor Freude halb benommen.

Auch Briefe habe ich gesehen.
Was mag denn da wohl drinnen stehen?

Ein Brief, etwa von Santa Claus?
Nun gut, ich greif den ersten raus.
Er ist vom Städtischen Betrieb.
Ich denk noch: Toll, das ist ja lieb,
dass die dir Weihnachtgrüße schicken ....
Doch dann, ich musste fast ersticken.
Ganz lapidar teilt man mir mit:
„Die Stadt will zwar keinen Profit.
Doch wirtschaftlich muss alles sein.
Und damit sind sie nun zu klein,
die bisherigen Müllgebühren.
Dies muss jetzt zur Erhöhung führen."
Nur 30 Euro mehr im Jahr.
Das schafft man locker, ist doch klar.

Den nächsten Brief tat ich schnell bergen,

den von den Stromversorgungswerken.

Behutsam formuliert und nett

stand letzten Endes darin fett:

„Wir können es leider nicht lassen,

die Preise demnächst anzupassen."

Die Steuern wären schon enorm,

und dann die Energie-Reform.

Dies alles zwingt zum Reagieren

und preislich nachzukorrigieren.

Nur 50 Euro mehr im Jahr.

Das ist zu schaffen, ist doch klar.

Der dritte Brief in meiner Hand

ist vom Abwasserzweckverband.

Ich trau mich kaum ihn aufzumachen.

Als ich's dann tat, da musst ich lachen.

Was darin stand? Man ahnt es schon,

war eine Kostenexplosion.

Geschrieben stand : „Es tut uns leid,

doch leider muss von Zeit zu Zeit

der Preis ganz leicht nach oben gehen.

Das werden Sie ja wohl verstehen."

Nur 70 Euro mehr im Jahr.

Gar kein Problem. Das ist doch klar.

Diejenigen, die Gas vertreiben,

verschickten auch ein nettes Schreiben.

Man muss als Kunde schon verstehen,

so könne es nicht weitergehen.

Die Ölpreisbindung ist der Posten,

der stets verursacht hohe Kosten.

Die muss man nun mal weitergeben.

Der Aktionär will ja auch leben.

Nur 90 Euro mehr im Jahr.

Ganz leicht zu stemmen. Ist doch klar.

Was folgte, war der Wasserpreis.

Das Briefpapier unschuldig weiß,

mir wurde aber schwarz vor Augen.

Denn was da stand war kaum zu glauben.

Man schrieb : „Diese Verteuerung

liegt an der Netzerneuerung.

Die Rohrleitungen sind viel zu alt.

Darum ersetzen wir sie bald.

Die Kosten trägt nun mal der Kunde.

Deshalb die Preiserhöhungsrunde.“

Gut 100 Euro mehr im Jahr.

„Das schaffen Sie schon“, ist doch klar.

So steigen überall die Preise.

Ob Tankstelle, ob Urlaubsreise,

ob Krankenkasse oder Steuern,

man sieht nur alles sich verteuern.

Wir Kunden aber bleiben leise

und zahlen all die Horrorpreise.

Die Weihnachtszeit, sie stimmt uns mild.

Drum protestiert auch keiner wild.

Wir hören „Last Christmas" immer wieder

und all die anderen Weihnachtslieder.

Dann, mitten in der Heilig Nacht,

ist es wieder einmal vollbracht.

Geschenke, Essen, Alkohol,

wir fühlen uns so richtig wohl.

Hoho, du schöne Weihnachtswelt.

Heut schauen wir mal nicht aufs Geld.

Man will ja schließlich was erleben.

Drum haben wir was ausgegeben.

Zweihundert mehr als letztes Jahr.

Das geht in Ordnung, ist doch klar.

Soweit nun meine Weihnachtszeilen,

die euch traditionell ereilen.

Trotz all der Preiserhöhungsplage,

wünsche ich tolle Weihnachtstage,

und allen auch im nächsten Jahr

das Allerbeste, ist doch klar.

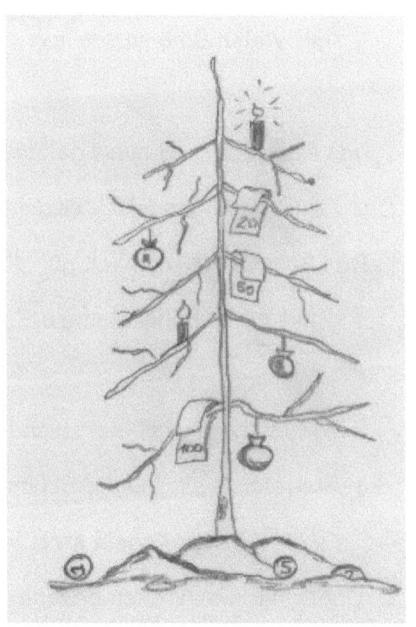

SILVESTER - KNALLEFFEKT

Millionen Euro sind verbrannt.

Der Feinstaub weht noch übers Land.

Gefeiert wurde laut und froh,

mit vielen Böllern sowieso.

Das neue Jahr, es muss gelingen.

Das Knallen soll das Glück erzwingen.

Das Böse greift nämlich nur die,

mit einer Böllerallergie.

Ein jedes Kind weiß hierzulande,

Raketenstarts sind keine Schande.

Sie lassen bunte Kugeln strahlen.

Und wir Erwachsenen bezahlen.

Der Himmel brennt, es rieselt Staub.

Wir sind auf beiden Ohren taub.

Das Knallerzeug muss explodieren.

Die Folgen kann man ignorieren.

Doch langsam regt sich Widerstand.

So manche Stadt in unserm Land

erließ ein Feuerwerksverbot.

Die Tradition wird so bedroht.

Nun ja, ich glaube nicht daran,

dass man hier viel verbieten kann.

Der Lobbyist macht dies schon klar.

Und damit: Prosit neues Jahr!

Neujahrsmorgen

Der Morgen erwacht.

Vorbei ist die Nacht,

in welcher es vorhin so lautstark gekracht.

Nun ist es viel heller.

Ich hör keine Böller.

Kein Laut kommt mehr aus dem Partykeller.

Verschwunden die Gäste.

Hier stehen nur Reste,

so manche für´s Frostfach, für kommende Feste.

Ich greife ein Bier.

Das stand auch noch hier.

Und irgendwie jammert ein Kater in mir.

Das viele Geschirr

macht mich total wirr.

Dazu nervt beim Aufräumen Gläsergeklirr.

Musik ist zwar fein.

Jetzt muss sie nicht sein.

Es stromt einfach grad viel zu viel auf mich ein.

Das Jahr beginnt nett.

Ich allerdings hätt´

jetzt ganz große Lust auf ein Stündchen im Bett.

OSTERN 2014

Wenn ich so durch die Läden gehe,
ob Kaufland, Netto, Plus, Real,
mein Blick bleibt stets erschrocken kleben
am Hühnerendprodukt-Regal.

Im Frühling, Sommer, Herbst und Winter
gibt es dort Eier, farbenfroh.
Ich frage mich dann jedes Mal,
welch dummes Huhn legt die denn so ?

Wir lernten doch schon in der Schule
Mal sind die Eier braun, mal weiß.
Was also treibt ein Huhn dazu,
zu legen solchen bunten Sch ..... .

Liegt es vielleicht am falschen Futter,
an Fukushima, Tschernobyl ?
Die Gentechnik ist auch verdächtig.
Die ziehe ich mit ins Kalkül.

Man hört ja da die tollsten Sachen

und sicher gab´s ´nen krummen Hund,

der an der DNS gebastelt.

Und plötzlich war´n die Eier bunt.

Na gut, Ihr habt mich längst durchschaut.

Ich blödele mal wieder rum.

Ich weiß woher solch Eier stammen.

Ich bin ja schließlich auch nicht dumm.

Die Eier legt die Osterhäsin.

Der Hase sie dann koloriert.

Der Handel nahm dies dankend an.

Und das Geschäft läuft wie geschmiert.

So produziert die Hasentruppe

nun bunte Eier jeden Tag.

Im Kühlregal sind sie zu haben,

für den, der Haseneier mag.

Und seht Ihr irgendwo ´nen Hasen,

lasst ihn in Ruhe, lasst ihn gehen.

Ganz viele mögen Haseneier.

Ich kann dies aber nicht versteh´n.

Ich kauf mir lieber Hühnereier

und pinsel' sie dann selber bunt.

Euch allen : Schöne Ostertage !

Esst nicht so viel und bleibt gesund.

In der Natur

Faszinierend. Schön. Bedrohlich.

Eisblumen

So etwas Schönes bringt Frost uns hervor.

Als Kinder saßen wir lange davor.

Eisblumen haben wir es genannt,

das Wunder, das nachts an der Scheibe entstand.

Zartes Geschöpf aus milchigem Weiß,

ganz filigranes, verletzliches Eis.

Wenn die Natur diese Anmut erschafft,

grenzt das für mich fast an mystische Kraft.

So manches Mal hauchten wir gegen die Scheiben.

Bei klirrender Kälte half kräftiges Reiben.

Durch bloßes Atmen verschwand so das Eis

und gab einen kreisrunden Landschaftsblick preis.

Den Zauber beendeten Wärme und Licht.

Das Eis schmolz dahin zu nun freier Sicht.

Ja, Eisblumen sind schon ein Phänomen.

Gern würde ich es wieder einmal sehn.

GARTENZEIT

Nun ist sie endlich angebrochen.
Wir freuten uns ja schon seit Wochen
auf diese schöne Gartenzeit,
mit aller Freud und allem Leid.

Und wirklich : Es ist nicht nur schön,
was wir da so im Garten sehn.
Es stehen da in großer Dichte
so manch recht böse Bösewichte.

Zum Beispiel Blumen ganz aus Speck,
die kriegt man nur mit Mühe weg.
Und dann der Kampf gegen die Quecken,
man muss viel tun, dass die verrecken.

Die Pflanzen namens Vogelmiere
sind lästig, so wie Wagenschmiere.
Und auch der glücklich machend Klee
tut meinem armen Rasen weh.

Man muss sich immer wieder bücken,
um diese Wichte wegzupflücken.
Zum Glück gibt es ja auch Round Up.
Das mach ich drauf und nicht zu knapp.

Auch manch Getier stört meine Ruhe.
Jetzt passt mal auf, was ich da tue.
Die kleinen Meisen mit dem "A"
sind nämlich auch schon wieder da.

Sie wuseln über Weg und Gras.
Der Anblick macht nicht wirklich Spaß.
Ich grab sie aus mit Lust und Wonne
und hau sie in die Biotonne.

Dann gibt's die Viecher, die gern stechen
grad so, als wollten sie sich rächen.
Es sind die bösen, weiblich Mücken.
Man muss sie mit der Hand zerdrücken.

Beim Kampf gegen den Wurf mit Maul
bin ich auch überhaupt nicht faul.
Ganz flink fang ich das Grabetier,
doch lasse ich es nicht bei mir.

Behutsam setze ich ihn aus
in Nachbars Garten hinterm Haus.
Dort buddelt er dann emsig weiter.
Das stimmt mich froh, das macht mich heiter.

Der Nachbar kann das ruhig vertragen,
denn er zählt mit zu diesen Plagen.
Schreit ständig seine Hunde an,
und diese Tiere bellen dann.

Doch letztlich ist es nett im Garten
und die Saison kann weiter starten.
Ich find es locker und auch cool
mit Grill und Bier und Swimmingpool.

Endlich

Endlich wird sie wieder wach.

Lang genug lag sie im Schlaf.

Schwach war sie, dahingestreckt.

Die Natur nun aufgeweckt.

Endlich weicht die kalte Luft.

Bald schon kommt der Blütenduft.

Länger zeigt sich auch die Sonne,

taut das Eis der Regentonne.

Endlich ist der Frost verschwunden,

Folge warmer Sonnenstunden.

Es kommt auch kein frischer Schnee.

Winterreifen bald passé.

Endlich, Winter ist vorbei

und die Scheibenkratzerei.

Wärmer wird es im Revier.

Endlich ist der Frühling hier.

Hoch zur Ostsee

Hoch zur Ostsee will ich wandern,
will die weißen Wellen sehen,
und will mit entblößten Füßen
über Sand und Steine gehen.

Hoch zur Ostsee will ich schauen,
wo das Meer im Blau ertrinkt,
wo der Anblick dieser Weite
Ehrfurcht und auch Freude bringt.

Hoch zur Ostsee will ich fahren,
hören wie die Wellen rauschen
und zu allen Tageszeiten
dem Geschrei der Möwen lauschen.

Hoch zur Ostsee will ich gehen,
zu der Räuchereien Glut.
Aal und Dorsch will ich genießen,
tagesfrisch und saftig gut.

Hoch zur Ostsee will ich sehen,

wo sich Meer und Sand berühren,

wo vom Wind verdrehte Bäume

durch die Dünen heimwärts führen.

Hoch zur Ostsee will ich blicken,

wo die Sonne glutrot scheint

und sich an des Tages Ende

scheinbar mit dem Meer vereint.

Es gibt sehr viel zu erkunden.

Strände, Wälder laden ein.

Ruhe kann man hier genießen,

eins mit der Natur zu sein.

Es gibt auch viel zu erleben.

Partymeilen locken an.

Auch dies ist der Ostseeurlaub.

Jeder wie er mag und kann.

Hier ganz oben an der Ostsee

rast die Zeit und steht auch still.

Man muss nur ein wenig schauen

und muss wissen was man will.

Einerseits mondäne Bäder,

exklusiv für sehr viel Geld,

Andererseits das Fischerdörfchen,

Zeichen der vergangenen Welt.

Naturgewalt

Viele Menschen ängstlich zittern
vor den wütenden Gewittern,
die zur Zeit das Land durchstreifen.
Gierig nach den Opfern greifen.

Blitze zucken gleißend hell.
Rasen wie das Licht so schnell
Schlagen ein in Baum und Haus.
Lassen Mensch und Tier nicht aus.

Mächtig lautes Donnerkrachen
lässt uns in der Nacht erwachen.
Auch der Sturm lässt keine Ruh,
schlägt die Fenster auf und zu.

Was der Sturm manchmal nicht schafft,
hat der Hagel oft vollbracht.
Machtlos und total verstört
sieht man, was das Eis zerstört.

Übers Land sieht man sie fegen,

Wolken bis zum Rand voll Regen,

der in Strömen stürzt hernieder.

Flutbedroht sind wir dann wieder.

Der Naturgewalten Lauf

den hält keiner jemals auf.

Der Mensch will zwar das Größte sein,

doch die Natur holt er nie ein.

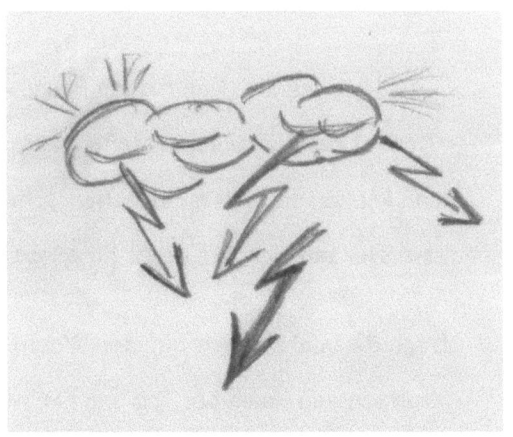

KIRSCHENZEIT

Es tschilpen durch den kleinen Garten

viel tausend bunte Vogelarten.

Sie haben nämlich nicht vergessen,

hier kann man sehr gut Kirschen fressen.

Die Piepmätze es furchtbar lieben,

uns unsre Kirschen wegzudieben.

Man hört, es knurrt schon deren Magen.

Denn reif sind die erst in ´n paar Tagen.

Prall hängen sie dann rot am Baum.

Das ist der Vögel schönster Traum.

Dann können sie sich nicht beherrschen

und stürzen sich auf unsre Kirschen.

Doch diesmal sind wir auf der Wacht,

schützen den Baum bei Tag und Nacht.

Kalaschnikow und RPG,

das tut auch jeder Amsel weh.

So bleibt es fern, das Fluggetier.

Und unsre Kirschen bleiben hier.

Die Ernte, die wird üppig sein.

Wir futtern und wir kochen ein.

Die Piepser ärgert´s, das ist klar.

Sie warten nun aufs nächste Jahr.

Dann gibt es wieder diesen Streit,

wie jedes Jahr zur Kirschenzeit.

Nachtgedanken

Mondlicht zaubert Silberglanz.
Stille über allem.
Tannenwipfel sind im Tanz,
Käuzchenrufe hallen.

Scharfe Schatten schneiden nun
Finsternis und Helle.
Bald verlischt des Mondes Tun,
Dunkel jede Stelle.

Was in Tages Glanze schien
bunt und stets lebendig,
rafft die Dunkelheit dahin,
blass und schnell vergänglich.

Nur der Sonne helles Licht
spendet Kraft und Leben.
Gibt der Welt wohl ihr Gesicht,
unser aller Segen.

Sommerzeit

Das Thermometer ist echt fleißig.

Es klettert hoch und ziemlich weit.

Auch heute wieder über dreißig,

so ist sie halt, die Sommerzeit.

Was war es doch im Mai noch kühl.

So mancher musste sogar heizen.

Heut ist´s dagegen reichlich schwül,

die Nerven bald am Überreizen.

Zu jener Zeit gab's Regen satt,

in dessen Folge eine Flut.

Das Wasser stand in Land und Stadt,

Grundlage für die Mückenbrut.

Die kommen nun an jedem Abend,

sind flott und frech zum Stich bereit.

Sich dann an unserm Blute labend.

So ist sie halt, die Sommerzeit.

Das T-Shirt klebt schweißnass am Rücken.

Die Hose fühlt sich lästig an.

Man will sich vor der Arbeit drücken.

Der Badesee lockt eher an.

Die Hitze lässt die Straßen brechen,

am Limit jeglicher Verkehr.

Auch die Geduld zeigt langsam Schwächen.

man wünscht sich kalten Regen her.

Und kommt der dann tatsächlich runter,

sind Blitz und Donner auch nicht weit.

So mancher Ort wieder " Land unter",

so ist sie halt, die Sommerzeit.

Was hilft nur gegen diese Hitze?
Was macht uns endlich wieder frisch?
Na klar, ein leck´res Eis wär Spitze
und kühles Bier auf jeden Tisch.

Jaah, gut, es hilft auch mal ein Wasser
und auch das Bad in einem Pool.
Durch beide Dinge wird man nasser,
das ist empfehlenswert und cool.

Also, auf denn und weiter schwitzen.
Es ist vorbei erst wenn es schneit.
Die Glut, die gilt es auszusitzen.
So ist sie halt, die Sommerzeit.

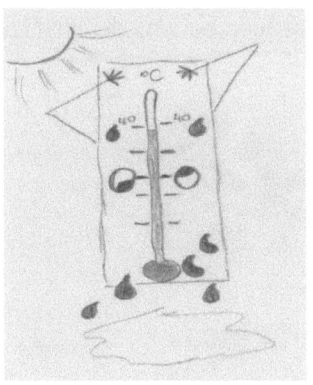

Pilzgedicht

Selbst Menschen ohne Pilzdurchblick,

die finden die Marone chic.

Mit brauner Kappe, gelbem Schwamm

kennt sie tatsächlich jedermann.

Schon etwas edler beim Verzehr

kommt da der Steinpilz uns daher.

Vom Namen her ist er zwar hart,

am Gaumen aber weich und zart.

Da kannst Du sagen was Du willst,

der Steinpilz ist ein Edelpilz.

Auch so ein überragend Ding

ist hier bei uns der Pfifferling.

Er ist beliebt, gar keine Frage,
doch denk ich, während ich dies sage,
dass ich in Pfifferlingsgerichten fand
so ab und zu ein wenig Sand.

Der Champignon ist da ganz rein.
Dies wird wohl nur deswegen sein,
weil man ihn züchtet tief im Keller,
bevor er kommt auf unsern Teller.

In Dosen gibt's ihn und im Glas.
Da ist nicht viel mit Sammelspaß.
Doch einer, der hat Spaß am Bücken,
kann ihn auch auf der Wiese pflücken.

Der Lieblingspilz von Martin Luther
hat seinen Namen von der Butter.
Ich weiß nicht. Ist dies wirklich wahr?
Zumindest reimt´s sich wunderbar.

Ich find den Pilz nicht so enorm,

denn in ihm wohnt sehr oft der Wurm.

Er hat auch keinen Top-Geschmack,

kommt nicht in meinen Sammelsack.

Am Birkenhain sieht man ihn steh´n,

mit weißen Röhren wunderschön.

Der Birkenpilz, der hat Gewicht

in jedem guten Pilzgericht.

Hat jemand am Vergiften Spaß?

Der Knollenblätterpilz schafft das.

Er ist ein wahrer Bösewicht.

Drum ernte und verzehr ihn nicht.

Der Fliegenpilz sieht putzig aus.

Doch hol ihn lieber nicht ins Haus.

Er kann Dir Darm und Hirn versauen.

Schenk diesem Pilz nicht Dein Vertrauen.

Mehr Pilze kenn´ ich leider nicht.

Drum endet hier das Pilzgedicht.

STERNENGLÜCK

Die Stille überholt die Welt.

Der Tag, trägt nun sein Nachtgewand.

Dunkel getüncht das Himmelszelt.

Kein Sonnenstrahl mehr überm Land.

Ich stehe oben auf den Hügeln

weit außerhalb der funkelnd Stadt.

Muss meine Blicke nicht mehr zügeln.

Das Firmament, so sternensatt.

Tausende kleine Diamanten

verteilt über die schwarze Nacht.

Vor Ehrfurcht bin ich aufgestanden.

Der Abendwind umweht mich sacht.

Die Sterne, so unendlich weit

verzaubern heute meinen Blick.

Ein Wimpernschlag im Fluss der Zeit,

ein Schauspiel und ein großes Glück.

Dies festzuhalten ist nicht leicht.

Doch hat man es einmal gefunden,

kehrt, wenn die Nacht der Sonne weicht,

das Glück zurück nach ein paar Stunden.

Die Nacht bringt mir das Sternenglück

auf schwarzem Samt vieltausendfach.

Genieße sehr oft diesen Blick.

Bleib gerne dafür lange wach.

Blätter im Herbst

Für viele Blätter, oftmals bunte,
schlägt nun im Herbst die letzte Stunde.
Bevor sie werden immer bunter,
fallen sie jetzt vom Baum herunter.

Noch weht der Wind sie hin und her.
Doch irgendwann, vor Nässe schwer,
können sie dann nicht mal mehr fliegen
und bleiben in der Gegend liegen.

Weg oder Wiese heißt die Bleibe.
Doch Laubbläser rücken zu Leibe
den ausgedienten Blättertruppen,
die sich als Abfall nun entpuppen.

Sie landen in der braunen Tonne,
ganz ohne jeden Blick zur Sonne.
Die Kehrmaschine (imposant)
greift jedes Blatt vom Straßenrand.

Einst stolz am Zweig, grün strahlend satt,
trifft man sich nun so Blatt für Blatt
und, da hilft jetzt kein Lamentieren,
auf einem Platz zum Kompostieren.

Dort wird ein jedes Blatt behandelt
bis es in Humus sich verwandelt.
Ganz genau daraus wächst dann bald
ein nagelneuer Blätterwald.

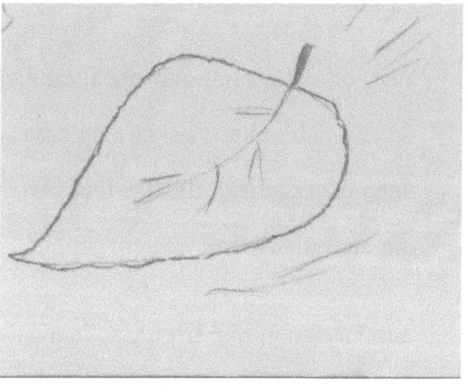

Humor muss sein

Schmunzeln unbedingt erlaubt.

Der Schrank

Kürzlich stand ich im Zimmer und sah mich um.

Überall lagen viele Dinge herum.

Alles schien irgendwie kreuz und quer

und so beschloss ich : „Ein Schrank muss her !".

Man könnte in dem Teil ´ne ganze

Menge verstaun´.

Und bestimmt ist es auch ganz

leicht aufzubau´n.

Eigentlich muss ich ihn doch bloß noch kaufen,

so begann ich Richtung Möbelhaus loszulaufen.

Im Möbelladen machte es ganz schnell

die Runde.

Ich war zu dieser Zeit der einz´ge

Schrankabteilungskunde.

So fielen gleich drei Verkäufer über mich her.

Also wegzulaufen, das ging jetzt nicht mehr.

„Wie wär's denn hier mit diesem Kiefer-Modell ?"

„Oder lieber dieser Schrank dort, in Eiche hell ?"

Erwartungsvolle Blicke richteten sich auf mich,

und ein Verkäufer rief : „Entscheiden sie sich !"

Ich nahm dann einen Schrank in

dunklem Buche-Ton.

Immerhin 500 Euro – doch was macht

das schon.

Die Unordnung bekämpfen war ja schließlich

mein Ziel

und da sind so ein paar bunte Scheine wirklich nicht

zu viel.

Am nächsten Tag kam ich aus dem Staunen

nicht raus.

Die Lieferung erfolgte wirklich prompt

frei Haus.

Doch was dann kreuz und quer in meinem

Zimmer stand,

waren Pappkartons mit Brettern und noch lange kein
Schrank.

Die Bauanleitung war dann ziemlich
schnell entdeckt.
Dieser Lesestoff hat voll mein
Interesse geweckt.
Doch genau genommen las sich dieses
Blatt genau wie
´ne Ingenieurarbeit aus dem Bereich der
Hochtechnologie.

Die Lasche B mit dem Dübel F verbinden.
Das Ganze muss dann im Gewinde H verschwinden.
Ich stellte fest : Beim Aufbau eines
solchen Schrank,
wird ein Laie schon nach ca. zwei, drei
Stunden krank.

Nach vier Beruhigungsbier hatte ich´s

dann geschafft.

Der Aufbau meines Schrankes –

er war vollbracht.

Nur noch ein paar Bretter standen irgendwo rum.

Wozu die gut sein sollten ? Frag mich warum !

Die Restebretter hatte ich im Keller

dann verstaut.

Das fünfte Bier war auch schon weg. –

Es war ja eh´ gebraut.

Gerade wollte ich mit dem Einräumen

beginnen,

da traf mich fast der Schlag und ich war wie

von Sinnen.

Die Zwischenböden fehlten in meiner

Konstruktion.

Das waren wohl die Bretter

(Ich erwähnte sie schon !).

Nur per Außenwandverschraubung funktioniert diese

Montage.

Das Ganze nun noch mal von vorn. Das war

eine Blamage !!

Zum Alkohol

Ich mag nun mal kein´ Alkohol.
Da fühl´ ich mich nicht richtig wohl.
Man kriegt davon ´nen schweren Kopf,
benimmt sich oft so wie ein Tropf.
Ob Bier, ob Gin, ob Sekt, ob Wein,
das muss ja alles gar nicht sein.

Obwohl - so´n kleines Gläschen Sekt -
das geht - weil´s irgendwie auch schmeckt.
Und - ab und zu ein wenig Gin -
das kriegt die Leber locker hin.
Auch weißer oder roter Wein
ist hin und wieder auch recht fein.
Dann dies bereits erwähnte Bier
hat eine starke Gier nach mir.

Ach, das ist alles nicht zu fassen.

Man soll vom Alkohol doch lassen.

Drum sage ich´s jetzt noch einmal:

Der Alkohol - der kann mich mal!

(angeregt durch ein Gedicht von Robert Gernhardt)

Wer anderen eine Grube gräbt

"Wer anderen eine Grube gräbt …",

so fängt ein altes Sprichwort an.

Ich habe mir nun überlegt:

Wo find ich einen solchen Mann?

Ich denk mir, jener trägt bei sich

bestimmt recht gutes Grabgerät

und buddelt auch vielleicht für mich

mal einen Tag von früh bis spät.

Ich würd ihn schicken in den Garten

gleich vor der Tür von meinem Haus,

wo ich stets seh das Unkraut warten.

Das müsste bis zur Wurzel raus.

Wenn dieser Mann tatsächlich lebt,

wird er jedoch so blöd nicht sein.

Denn, wer bei anderen Gruben gräbt,

fällt ja laut Sprichwort selbst hinein.

Männer und Frauen

Man sagt, kein Mann kennt ganz genau

das wahre Wesen einer Frau.

Unmöglich wirklich zu ergründen,

und wohl den rechten Weg zu finden,

zu machen Ihr die Dinge recht.

Ja, dies gelingt den Männern schlecht.

Ein Mann kann keine Ordnung halten,

die Wohnung nicht schön ausgestalten.

Von Blumen hat er keinen Plan,

zieht sich nicht immer richtig an.

Zeitung und Socken lässt er liegen

und, sollte er ´nen Schnupfen kriegen,

so leidet er laut Frau ganz arg.

Alles Gerüchte! Alles Quark!

Was Frauen da stets rumverbreiten?

Nun, Männer wollen ja nie streiten.

Ins Wesen einer Frau zu dringen,

wird Ihnen eh niemals gelingen.

Sagt sie mal Ja, dann meint sie Nein.

Es kann aber auch anders sein.

Der Mann wird stets das Haar sich raufen.

Dann lässt er´s ruhig weiterlaufen.

Dann lässt er es so weitergehen,

denn ohne Frauen wär's auch nicht schön.

Mein Konto

Wenn ich so auf mein Konto schaue,

dann krieg ich Haare, und zwar graue.

Ich werd´ gereizt, mein Blick wird bös´,

der Kontostand macht mich nervös.

Ich sehe mich in großer Not.

So viele Zahlen! Alle rot!

Les´ was von Überziehungszinsen.

Mein ganzes Geld scheint in den Binsen.

Ich sehe nur noch Minuszeichen.

Wie soll ich dies jemals begleichen?

Ich glaub, es geht bald gar nichts mehr.

Ach wär´ ich doch nur Millionär.

Dann täte man mich stets hofieren.

Ich müsste mich nicht mehr blamieren.

Doch leider läuft´s zur Zeit nicht richtig.

Mein Konto, scheinbar magersüchtig.

Um meine Schulden zu bezahlen,

brauch ich die richt´gen Lottozahlen.

Wer immer diese vorab kennt,

sie bitte mir doch einmal nennt.

Das wär vielleicht ein großes Glück.

Mein Konto wäre wieder schick,

die Rote-Zahlen-Zeit vorbei.

Ja dann fühl ich mich wieder frei.

Level 12

Still sitzend grüble ich seit Stunden
und hab die Lösung nicht gefunden.
Ich starre ständig aufs Papier
und stöhne wie ein wundes Tier.

Das kann doch nicht so schwierig sein,
rede ich mir seit langem ein.
Jedoch das Rätsel vor mir schweigt.
Es scheint mir heut nicht zugeneigt.

Auf einmal denk ich: Gut gemacht.
Platziere lässig eine „acht".
Dann merke ich, das ist verkehrt,
weil eine „fünf" dort hingehört.

Grad hab ich auch noch rausgefunden,
dass diese „neun" hier ganz links unten
der Sache auch nicht dienlich ist.
Ich streich sie weg. Was für ein Mist.

Neun simple, ganz normale Zahlen
ins richtige Kästchen zu malen
ist alles andere als leicht,
wenn man zum höchsten Level greift.

Vor mir noch viele Felder leer.
Dieses Sudoku ist zu schwer.
Mein Anspruch war wohl etwas hoch.
Oder bin ich vielleicht zu doof?

Egal, ich geh ein Level runter.
Schon bin ich wieder fit und munter.
Hurra. Geschafft. Die Zahlen passen.
Vom Sudoku kann ich nicht lassen.

Diät ist blöd

Frühmorgens nach dem Aufsteh´n mach ich keinen Dauerlauf.

Ich ess´ viel lieber Brötchen mit ganz dick Butter drauf.

Dazu kommt dann noch Spiegelei mit Pfeffer, Salz und Speck.

Auf´s Brötchen kommt die Nougatcreme, dann muss ich leider weg.

Zum Büro geht's mit dem Wagen, ist´s auch nur ein Kilometer.

Den ganzen Weg zu Fuß? Das mach ich vielleicht mal später.

Der Morgenkaffee wartet. Ich mach ganz viel Sahne rein.

Dazu ein süßes Stückchen. Ja, so muss das sein.

Die Arbeit hinterm Schreibtisch läuft nicht immer optimal.

Ab und zu ein Päuschen braucht man da schon mal.
Schokoriegel, Salzstangen, Kaffee und
Zigaretten,
das alles sollte mich doch bis zur Mittagspause
retten.

Ist die dann gut erreicht, geht es runter
zur Kantine.
Die meisten holen sich da was aus der
Salatvitrine.
Da gehe ich vorbei. Die steh´n eh alle im Weg.
Ich schlage lieber zu bei Eisbein und bei Steak.

Am Nachmittag gibt es dann noch so manche
kleine Pause.
Dazu ein Stückchen Sahnetorte, dann geht es nach
Hause.
Dort wartet dann bereits mein kühles
Feierabendbier.

Bis zum Abendessen werden das dann
drei bis vier.

Nach der Tagesschau gibt es Nüsschen oder Chips,
vielleicht ein paar Pralinen und ´ne Tüte
Erdnussflips.
Der Abend klingt dann locker aus mit einer
Flasche Wein.
So geht das Tag für Tag, denn etwas Ordnung
möchte sein.

Das Fazit lautet: Ich bin kein
Diätfetischist.
Ich bin leider einer, der viel lieber
etwas isst.
Ich trinke gerne Bier, esse Speck und
Schokolade.
Das einfach stehen lassen, wäre für mich viel
zu schade
Ja, ja, ich weiß es sicher. Ich brauch

eine Diät.

Die fällt mir aber furchtbar schwer. Das finde ich echt blöd.

Doch irgendwann (am besten gleich) muss das dann wohl mal sein.

Sonst pass ich in die 4XL bald auch nicht mehr gut rein.

Der Spargelverkäufer

Steht an der Straße ohne Klagen.

Steht an der Straße ohne Fragen.

Hat stets ein Lächeln im Gesicht,

ob Kunden kommen, oder nicht.

Hat stets Benzinduft in der Lunge.

Hat Straßenstaub auf seiner Zunge.

Lässt Wind sich um die Nase wehen

und bleibt doch weiter standhaft stehen.

Mal scheint die Sonne heiß und grell,

mal zucken Blitze gleißend hell.

Und regnet´s auch aus vollen Kannen,

er lässt sich hier niemals verbannen.

An manchem Tag hat er kaum Kunden.

Das sind ganz langweilige Stunden.

Und kommen plötzlich gleich paar Mann,

dann strengt er sich besonders an.

Sind mal die Preise ganz weit oben,

hört er so manchen Kunden toben.

Doch er bleibt ruhig und erklärt,

warum sich der Betrag gehört.

Am Abend schließt er zu die Kiste

und schreibt noch die Abrechnungsliste.

Dann fällt er müde in sein Bett

und träumt vom Spargel . . . wirklich nett !

Computerwelt

Zähneknirschend sitzt du vor der Tastatur.

Was läuft ist nur der Schweiß auf deiner Stirn.

Immer wieder fragst du dich : Wie geht das nur ?

Und dir ist, als platzt dir gleich das Hirn.

„Alles ganz einfach." , hatte man dir noch gesagt,

mit einem netten Lächeln im Gesicht.

Freudig kamst du heim von Elektronikmarkt.

Doch wie gesagt, nun läuft das alles nicht.

Ein Griff zum Telefon, du rufst die Hotline an.

Zwei Euro pro Minute, das muss sein.

Mühsam fragst du an, ob jemand helfen kann.

Der Rubel rollt und du zahlst erst mal ein.

Nach Tagen bist du fertig mit der Installation.

Die Kinder werden wohl stolz auf dich sein.

Doch diese rufen : „Es gibt eine neuere Version.

Richte das doch bitte für uns ein"

Nachdenkliches

Die Welt. Das Leben.

Kann es sein

Kann es sein, dass ein paar Menschen
Millionen einkassieren,
während in so vielen Ländern manche
hungern oder frieren?

Kann es sein, dass so manch Aktie sich
nach oben nur bewegt,
wenn man Teile der Belegschaft
auf die Straße hat gefegt?

Kann es sein, dass man bald Strom und Sprit
nicht mehr bezahlen kann?
Und die Ölkonzerne schwimmen fett
im Dollar-Ozean.

Kann es sein, dass man die Rüstung für
besonders wichtig hält?
Doch für Rentner und für Kinder hat
man offenbar kein Geld.

Kann es sein, dass gute Arbeit immer

schlechter man entlohnt,

und der Nadelstreifen-Manager

auf Euro-Bergen thront?

Kann es sein, dass alles teurer wird,

ob Arztbesuch, ob Brot,

und die Oberen sich wundern wählt

das Volk mal Braun, mal Rot?

Ja so ist die Welt geworden, tausend arm

und einer reich.

Viele sind die letzten Bettler und

so mancher spielt den Scheich.

Eins ist sicher, nämlich dass es so

nicht ewig weitergeht.

Neues Denken. Neue Wege. Schnell,

denn bald ist es zu spät.

November 2012

(Alles wie immer)

Ein Donnergrollen stört die Nacht.
Grad eben war es noch ganz still.
Auf einmal aber ist es da,
ein ohrbetäubendes Gebrüll.

Auf einem gleißend hellen Strahl,
sich die Rakete flink erhebt.
Der Feuerschweif bedrohlich glüht
und ringsumher die Erde bebt.

Und wieder wird ein Stein gesetzt
in ein total verbautes Haus.
Das Fundament schon damals falsch.
Und niemand lernte etwas draus.

Man hat versagt als man geplant
und Linien auf die Karte malt.
Der Eine macht den Federstrich,
der Andere mit Blut bezahlt.

Der Sprengkopf hat sein Ziel erreicht.
Nur selten trifft er mal exakt.
Doch scheinbar ist es schon viel wert,
wenn Menschen Angst und Panik packt.

Die Antwort lässt nicht lange warten.
Der Himmel lodert feuerrot.
Die Flugzeuge der Anderen treffen
und bringen neuen Hass und Tod.

So lange man so weitermacht,
baut man auf Angst und Hass und Leid.
Ruinen weg und neu geplant,
für alle und Gerechtigkeit.

Schizophren (2016)

Schizophren.

Raketen und Granaten fliegen durch die Nacht.

Nicht ziellos. Aber selten treffend.

Der Krieg muss schließlich weitergehen.

Der verhasste Feind wird provoziert.

Der antwortet.

Er hat Panzer, Kampfflugzeuge, Scharfschützen,

Präzisionswaffen.

Die treffen.

Fast immer, irgendetwas.

Es gibt viele Opfer.

Und es gibt wieder Hass.

Das Zerstörte wird wieder aufgebaut.

Auf beiden Seiten.

Und neue Waffen braucht man.

Auf beiden Seiten.

Das Geld dafür kommt auch von uns.

Für beide Seiten.

Schizophren.

Himmelsblicke

Oft schaue ich zum Himmel auf,

verfolg´ den Lauf

von Sternen und Planeten.

Man sieht zugleich bei diesem Blick,

mit etwas Glück,

auch Satelliten und Raketen.

Dem Augenlicht jedoch verborgen,

das macht mir Sorgen,

Die große Menge der Asteroiden.

Kommen die uns einmal zu nah,

was lange nicht geschah,

ist die Gefahr wohl nicht zu überbieten.

Wird unsre Erde vielleicht einst getroffen,

was wir nicht hoffen,

es gäbe uns dann sicherlich nicht mehr.

Zerstört wär unsre ganze schöne Welt,

und der Gedanke fällt

beim Blick zum Himmel schwer.

Sturm des Lebens

Niemand weiß so ganz genau
Was ihm das Leben bringt.
Manches wird daneben gehen,
während Anderes gelingt.

Bringt der Jackpot dich voran?
Wirft dich Mittelmaß zurück?
Ganz egal wie es auch kommt,
es geht weiter Stück für Stück.

Nimm das Leben wie es kommt,
gibt es dir auch mal ´nen Tritt.
Schon der nächste Sonnenstrahl
macht dich sicher wieder fit.

Ausgebuht und ausgelacht,
das ist jedem schon passiert.
Die Erfahrung kann nicht wachsen,
wenn man´s gar nicht erst probiert.

Keine Angst zu keiner Zeit

Soll auf unsrer Fahne steh´n.

Wir dürfen uns nicht drücken

die Probleme anzugeh´n.

Wir lassen uns nicht treiben,

denn wir haben einen Plan.

Der führt uns durch den Sturm

und wir kommen sicher an.

Breiter Fluss

Du kennst diese Grenze und du siehst
sie klar vor dir.
Die dort drüben sind gar nicht
so wie wir.
Sie kleiden sich ganz anders und sind
fremd anzusehen.
Und auch deren Sprache kannst du leider
nicht verstehen.

Sie haben andere Feste und sie
feiern sie laut.
Doch einfach mitzusingen, hast du
dich nicht getraut.
Das sieht doch gar nicht so schlecht aus,
sagt dir ein kurzer Blick.
Doch schon gleich darauf holt dich
die Wirklichkeit zurück.

Vielleicht ist da auch noch ein Gott,

der dir im Wege steht.

Falsch verstandene Götter haben oft

schon Hass gesät.

Der sitzt tief und frisst sich

viel zu leicht in dich hinein.

Und es ist so schwer,

sich von ihm zu befreien.

*Du wärst schon ganz gern mal auf
dieser anderen Seite.
Doch da ist ja noch dieser Fluss,
der unendlich breite.*

*Dieser Fluss erscheint dir heute
leider viel zu breit.
Und bis zum anderen Ufer ist
es unbeschreiblich weit.*

*Man wird es nie erreichen
ohne Brücken aufzubauen
Es ist der einzig wahre Weg,
nur dem kann man vertrauen.*

Gedanken an einem nicht mehr existierenden Feiertag

70. Jahrestag der DDR.

Man stelle sich vor, wenn dies wirklich so wär.

Die FDJ Fackeln vor dem Palast,

die „Staatsfeinde" längst schon im Stasiknast.

Am Feiertag gäb es die Panzerparade

mit Egon Krenz hinter der Balustrade.

Ihm jubeln noch zu die letzten Genossen.

Die „Anderen" hat man ja weggeschlossen.

Die Produktion wie stets über dem Plan.

Im Dorfkonsum käm´ nach wie vor nicht viel an.

In Wandlitz hätte man noch nicht kapiert,

dass der Sozialismus so nicht funktioniert.

Mit Mauern aus Stein und Scheren im Kopf
gewinnt man beim Bürger keinen Blumentopf.
Der 70. Jahrestag – nur eine Fiktion.
Vom Volke verjagt längst die Stalin-Fraktion.

Die Mauer gefallen, die Freiheit errungen,
vor dreißig Jahren ist uns dies gelungen.
Viel Neues entstand, Etliches musste weichen.
Wohlstand schien plötzlich ganz schnell
zu erreichen.

„Soziale Marktwirtschaft", so hieß das Ziel.
Die aber blieb nicht mehr lange im Spiel.
Ohne Systemkonkurrenz aus dem Osten,
drückte das Kapital sofort die Kosten.

Was vor ´89 war ziemlich normal,
gilt heute schon längst nicht mehr in großer Zahl.
Tariflohn, Urlaubs- und Weihnachtsgeld
inzwischen kaum noch jeder zweite erhält.

Bei Medikamenten zahlt man jetzt dazu.
Systemkritik wird schleichend zum Tabu.
Es gibt zu viel Minijobs mit Minilohn.
Fruchtlos fast jede TV-Diskussion

Beim Fernsehen wünscht man, bei aller Kritik,
sich so manches Mal schon den Osten zurück.
Zum Heulen und primitiv ganz viele Sachen.
Bei Karl Eduard konnt´ man wenigstens lachen.

Zu oft Korruption, zu viel wird vertuscht.
Es wird dreist gelogen und reichlich gepfuscht.
Die eine Erde, die allen gehört,
wird jeden Tag ein wenig weiter zerstört.

Wir sehen fast alle die Menge der Fehler
und machen doch mit, als Volk und als Wähler.
Es scheint, als glauben wir nicht mehr daran,
dass man so wie damals auch was ändern kann.

Vielleicht – aber wirklich – nur vielleicht
kommt schon bald der Tag wo wir sagen:
„Es reicht."
Wenn es aber so wie jetzt weitergeht,
ist dieses „Vielleicht" dann vielleicht schon
zu spät.

Lebensfragen

Hast du nicht oft gefragt,

was das Leben soll?

Man hatte dir einst gesagt,

es wär von Freuden voll.

Doch die Jahre gehen,

und du weißt nicht wo du stehst.

Was soll noch geschehen

und auch wohin du noch gehst?

Was wird noch passieren,

und was wird nie mehr sein?

Wie oft noch verlieren?

Ab wann ist man allein?

Bleibst du länger vorne dran?

Geht dir aus der Mut?

Lange noch der starke Mann?

Immer alles gut?

Heute kämpft man wie so oft,

doch morgen schon vielleicht,

hat man völlig unverhofft

das Ziel zu schnell erreicht.

Ist noch reichlich Zeit,

oder ist es schon zu spät?

Reicht die Kraft noch weit,

bis dann vielleicht nichts mehr geht?

Viele Fragen, oft gestellt.

Die Antwort ist das Leben.

Kurz gesagt: Den Lauf der Welt

wird es immer geben.

Nur ein Buchstabe

Zwölf Jahre Schulzeit,
manchmal lustig, manchmal fad
und ab und zu auch Wanderung
auf ziemlich schmalem Grat.

Natürlich gab es Streiche,
die nicht wurden gleich bestraft.
Doch dieser hier war leichtsinnig
und ziemlich unbedarft.

Ein kurzer Handgriff
wurde so zur großen Missetat,
zum Angriff auf den Sozialismus,
Volk, Armee und Staat.

Verdächtig schienen Einige.

Wer´s war, weiß man bis heute nicht.

Es wurde keiner zum Verräter,

auch in der Stasi Angesicht.

Die Wandzeitung war Anschlagsziel.

Wir hielten´s für ´ne Top-Idee.

Die Überschrift hieß „Waffenbrüder".

Und irgendwer klaute das „W".

Limericks

Einfach mal drauflosgereimt.

Ein irischer Dichter aus Limerick
fand was er so dichtete immer schick.
Als Reimschemata
wählt er AABBA.
Das war sicherlich kein so schlimmer Trick.

Ein Mörder entschied im Knast hektisch
sich für einen Stuhl, statt ´nem Ecktisch.
Das ging voll ins Auge,
denn wie ich so glaube
war dieser Stuhl sicher elektrisch.

Es gab einen Tapeziermeister,
der nahm immer viel zu viel Kleister.
Das hat zwar geflutscht,
doch er ist gerutscht.
Jetzt zählt er zum Kreise der Geister.

Ein Vampir aus Südosteuropa
im Nachtzug ging flott zur Mitropa.
Doch die war geschlossen,
so biss er verdrossen
im nächsten Abteil einen Opa.

Ein Rucksacktourist aus Hessen
wurde einst in Alaska vergessen.
Er traf einen Bären.
Der tat ihn verzehren.
Seitdem ist das Thema gegessen.

Ein schüchterner Mann aus Plauen
hat Angst sich etwas zuzutrauen.
Mit Frauen Romanzen,
mal mit ihnen tanzen . . . ?
Doch blieb es bisher nur beim Schauen.

Es wurde ein britischer Henker
dereinst zum politischen Denker.
Er schimpft auf den König
recht laut und nicht wenig.
Das war für ihn kritisch. Jetzt hängt er.

Er sagt: „Meine Ex aus Norwegen,
die wollt sich beim Sex nicht bewegen."
Doch er war recht schlau
und tat dieser Frau
ein Kaktusgewächs unterlegen.

Eine Prostituierte aus Speyer
hatte kürzlich ´nen geldlosen Freier.
Er wollte nicht löhnen.
So musste er stöhnen.
Sie trat ihm nämlich in die Nieren.

Ein Hai vor Floridas Küste
hat gerade hungrige Gelüste.
Er sieht immer schärfer
vor sich einen Surfer,
der froh wär, wenn er dies jetzt wüsste.

Vor kurzem in einer Raststätte,
da musste ich mal auf Toilette.
Den „Sanifair-Zoll"
fand ich gar nicht toll.
Ach wenn ich nur siebzig Cent hätte.

Es suchte die Gabi in Rom
mit Hilfe des Navis den Dom.
Dies wurde dann schwer.
Das Akku war leer.
Jetzt sucht sie erst einmal nach Strom.

Es wollte ein schleswiger Wildschwein

sehr gern einmal Gast auf Sylt sein.

Es kam übern Deich.

Man schoss es sogleich.

Es hieß: „Das passt hier nicht ins Bild rein."

Zur Fußball WM in Russland

Team Deutschland sich selbst auf dem Fuß stand.

Fast immer verloren.

Die Mienen gefroren.

Die Mannschaft niemand gut in Schuss fand.

Ein Gast in der Kneipe „Zur Linde"

kippt sich einen hinter die Binde.

Doch leider war´s wohl

Methylalkohol.

Jetzt sagt man zu ihm: „Schau. Der Blinde."

Ein Priester östlich Peenemünde
beging eine grässliche Sünde.
Er trieb es mit Wonne
mit so einer Nonne.
Beide hatten köstliche Gründe.

Es krault sich ein Mannsbild aus Bayern
fast täglich drei Mal an den Ohren.
Das kann ja nicht sein!
Wo ist da der Reim.
Ich geb zu, das war unverfroren.

Kaum hab ich mal etwas gedichtet,
es meine Frau kritisch vernichtet.
Dann dichte ich neu.
Ich bleibe mir treu,
bis sie aufs Vernichten verzichtet.

Liebeserklärungen

Tja, so ist das.

ROCKFANS

Man muss es mal gesehen haben,
ein richtig tolles Rockkonzert.
Dies ist zwar manchmal ziemlich teuer,
doch hat es ideellen Wert.

Wenn vor dir die Gitarren schreien,
das Schlagzeug dich zerreißen will,
der Bass dich in den Rhythmus zwingt,
bleibt auch dein Mund nicht lange still.

Die alten Hymnen mitzusingen,
„Smoke on the Water", „Paranoid",
„Stairway to Heaven", „Aqualong"
die Seele und das Herz erfreut.

Dicht gedrängt feiern die Fans
gehüllt in Jeans und Lederdress.
Es wird auch reichlich Bier getrunken.
Doch niemals gibt es Streit und Stress.

Wir lieben all die alten Helden,

wie Gillian, Ozzy, Blackmore, Plant.

Auch die ein wenig Jüngeren

sind sehr beliebt und interessant.

So rocken wir bei Iron Maiden,

Accept, Def Leppard, Rammstein, Kiss.

Das wird sich für uns niemals ändern.

Wir bleiben Rockfans. Ganz gewiss

Du

Ich verwandle den Regenbogen

nur für Dich zu Gold.

Ich kann mich noch erinnern,

das hast Du einst so gewollt.

Ich male jede Regenwolke

für Dich kunterbunt.

Und all die scharfen Kanten,

die mach ich für Dich rund.

Ich geh mit Dir wohin Du willst,

auch ohne jedes Ziel.

Auf jede Frage eine Antwort,

mir wird nichts zu viel.

Wenn Du einmal nicht weiter weißt,

ich finde einen Weg.

Ich baue über jedes Wasser

für Dich einen Steg.

Ich finde jeden Schatz für Dich,

ist er auch tief verborgen.

Und falls Du welche hast,

vertreib ich alle Deine Sorgen.

Ich rede Deine Stärken groß

und Deine Fehler klein.

Wenn Du mit mir zusammen bist,

soll´s immer sonnig sein.

Wenn irgendwann ein dunkler Tag

in Deinem Leben ist,

sorg´ ich dafür, dass Du

schon morgen wieder heiter bist.

Gemeinsam sind wir immer stark.

Das Glück, es bleibt uns hold.

Das hatten wir doch beide

auch schon immer so gewollt.

Reich mir einfach Deine Hand.

Gemeinsam sind wir nicht zu schlagen.

Die Zukunft ist noch unbekannt.

Zusammen werden wir sie wagen.

Ich geb´ für immer gerne zu.

Was für mich zählt das bist nur Du.

Immer noch

Der Spiegel hier an dieser Wand
sieht nicht mehr ganz neu aus.
Jedes Mal wenn ich reinschaue,
schaut ein Älterer hinaus.
Das zarte Grau, es dominiert
in den Haaren wie noch nie.
Und das Blond, dass man noch sieht
ist aus der Drogerie.

Man kann noch vieles schaffen,
ist immer noch dabei.
Auch wenn der Blutdruck höher steigt,
man fühlt sich noch recht frei.
Die Knochen knirschen lauter.
Es zwickt schon mal im Knie.
Und wenn es mal so richtig klemmt,
dann hilft die Pharmazie.

Die größte Freude ist jedoch

ein jeder Tag mit Dir.

Du bist für mich das große Glück,

der Sonnenstrahl in mir.

Du bist für mich noch immer

ein besonderes Geschenk.

Es gibt kaum eine Stunde

in der ich nicht an Dich denk.

Ich seh Dich noch wie früher

und ich liebe Dich total.

Das wir noch fest zusammenstehen,

find ich phänomenal.

Das Reimen

Das Reimen, es ist eine Freude

und stets eine Gedankenbeute.

Die Worte setzen, dass sie eben

am Ende einen Reim ergeben

ist wie ein großes Puzzlespiel

aus Teilen, fast unendlich viel.

Man kann so manches ausprobieren,

Wortgruppen stets neu kombinieren,

dass alles einen Sinn ergibt.

In diesen Spaß bin ich verliebt.